Nongcun Muqu Gonglu Bangangxing Jiceng Dijiceng
农村牧区公路半刚性基层、底基层
Junyun Banhe Shigong Gongyi Zhinan
均匀拌和施工工艺指南

鄂尔多斯市路泰公路工程有限责任公司

人民交通出版社股份有限公司
China Communications Press Co.,Ltd.

内 容 提 要

“农村牧区公路半刚性基层、底基层均匀拌和施工工艺”由鄂尔多斯市路泰公路工程有限责任公司研发。其特点是应用时无须场站建设和高压线路架设，减少了材料二次倒运，避免了混合料拌和、运输、摊铺过程中的离析，缩短了混合料成型时间，施工便捷，工序衔接紧凑，机械化程度高，拌和均匀、质量可靠。能有效解决农村牧区施工电力资源不足的问题，同时减少临时用地，减少运输干扰，环保节能，优质高效。

为更好地实施并推广本工艺，鄂尔多斯市路泰公路工程有限责任公司编写了本工艺指南。本指南可供公路工程施工技术人员和管理人员使用。

图书在版编目(CIP)数据

农村牧区公路半刚性基层、底基层均匀拌和施工工艺指南／鄂尔多斯市路泰公路工程有限责任公司主编. —北京：人民交通出版社股份有限公司，2017.8

ISBN 978-7-114-13917-8

Ⅰ.①农… Ⅱ.①鄂… Ⅲ.①公路路基—路面施工—指南 Ⅳ.①U416.1-62

中国版本图书馆CIP数据核字(2017)第142085号

书　　名：**农村牧区公路半刚性基层、底基层均匀拌和施工工艺指南**
著 作 者：鄂尔多斯市路泰公路工程有限责任公司
责任编辑：王　丹
出版发行：人民交通出版社股份有限公司
地　　址：(100011)北京市朝阳区安定门外外馆斜街3号
网　　址：http://www.ccpress.com.cn
销售电话：(010)59757973
总 经 销：人民交通出版社股份有限公司发行部
经　　销：各地新华书店
印　　刷：北京鑫正大印刷有限公司
开　　本：850×1168　1/32
印　　张：1.125
字　　数：17千
版　　次：2017年8月 第1版
印　　次：2017年8月 第1次印刷
书　　号：ISBN 978-7-114-13917-8
定　　价：20.00元

编　委　会

主　　编：高　仲

副 主 编：罗志宝

编写成员：李建军　牛建平　王永生　刘海洋
张志彪　党志龙　张　强　田　小
祁　鑫　肖国春　乔满良　刘晓琴
邵秋霞

前　言

随着公路交通建设的快速发展,国、省干线日益完善,农村牧区公路建设显现蓬勃发展之势。应用传统厂拌法和路拌法进行半刚性基层施工,存在线路短,路面窄,集中厂拌用电困难,运输距离远,无法保证混合料在水泥初凝时间内成型,水泥撒布不均匀,劳动强度大,混合料的均匀性无法准确控制等弊端。为了更加科学、有效地进行农村牧区公路施工,鄂尔多斯市路泰公路工程有限责任公司在多年施工实践的基础上,经过科研论证、数据复核、实验验证,研发出一种新型基层拌和工艺——农村牧区公路半刚性基层、底基层均匀拌和法。该工艺将集料、水泥分层均匀撒布于下承层表面,用再生机配合水车进行现场均匀拌和,不仅可以节约临时用地,减少拌和、运输、摊铺过程中的离析,还有利于节约能源,减少环境污染,降低工程造价。

目前,国内对农村牧区公路半刚性基层、底基层均匀拌和施工工艺研究处于初期阶段。为了更好地实施本工艺,使其在施工中提供理论指导和技术支持,实现环保节能、绿色施工、优质高效,我公司依托工程实践,编写了《农村牧区公路半刚性基层、底基层均匀拌和施工工艺指南》。

由于农村牧区公路半刚性基层、底基层均匀拌和施工工艺技术在国内的研究时间短,所进行的科研论证和工程实践有限,存在部分亟待解决的问题。因此,本指南仍需根据日后科研成果和工程应用进行不断地修订和完善,以为农村牧区公路建设发展提供更好的服务。

编　者

2017 年 3 月

目　　录

2 术语

2.0.1 农村牧区公路半刚性基层、底基层均匀拌和施工工艺技术

将集料、胶结料分层均匀撒布于下承层表面，用再生机配合水车进行现场均匀拌和，形成具有一定路用性能的半刚性基层。

2.0.2 集料

在混合料中起骨架和填充作用的粒料，包括碎石、砾石、砂砾、石屑、砂等。

2.0.3 水泥稳定材料

以水泥为结合料，通过加水与被稳定材料拌和形成混合料，包括水泥稳定级配碎石、水泥稳定级配砾石、水泥稳定石屑、水泥稳定土、水泥稳定砂等。

2.0.4 水泥稳定半刚性基层、底基层均匀拌和施工工艺技术

将集料、水泥按室内配合比设计的比例，分层均匀撒布于下承层表面，在最佳含水率状态下拌和形成混合料，通过整形、碾压、养生形成符合设计要求的路面基层或底基层。

2.0.5 松铺系数

材料的松铺厚度与达到规定压实度的压实厚度之

1 总则

1.0.1 为使农村牧区公路半刚性基层、底基层均匀拌和施工工艺科学、规范、系统,更好地满足使用者的操作需求,促进推广,制定本指南。

1.0.2 本指南适用于新建、改建农村牧区公路、街巷硬化工程基层施工。

1.0.3 水泥稳定类半刚性基层、底基层均匀拌和施工工艺的均匀拌和深度一般为15~30cm。

1.0.4 本指南涉及的试验方法应符合现行有关试验规程规定,现场均匀拌和所用原材料应与室内配合比设计所用原材料相同。

1.0.5 水泥稳定类半刚性基层、底基层均匀拌和施工,根据设计厚度及混合料的松铺系数合理设置拌和深度,拌和深度误差不宜超过10mm,以免破坏下承层。

1.0.6 混合料含水率根据最佳含水率通过再生机水流量计自动调节。

1.0.7 本指南规定了水泥稳定类半刚性基层、底基层均匀拌和施工工艺和质量控制要求。

1.0.8 施工中应认真整理相关资料,总结施工方法和实践经验,不断提高工艺施工技术水平。

比值。

2.0.6 碾压遍数

压路机沿相同或相近轮迹往返各1次,称为碾压1遍,并以此方式计算碾压数量。

2.0.7 均匀拌和深度

现场均匀拌和时再生机设定的搅拌转子拌和深度,一般指混合料松铺时顶面高程与下承层表面高程之差。

3　一般规定

3.0.1　农村牧区公路半刚性基层、底基层均匀拌和施工时，水泥剂量可采用4%～5%，一般不宜超过5.5%。

3.0.2　农村牧区公路半刚性基层、底基层均匀拌和施工宜在春末和气温较高季节组织施工。施工期的日最低气温应在5℃以上，在有冰冻的地区，应在第一次重冰冻（-5～-3℃）到来之前15～30d完成。

3.0.3　在雨季施工时，应特别注意天气变化，勿使水泥和混合料遭雨淋；降雨时应停止施工，已经拌和铺筑的混合料应尽快碾压密实。

3.0.4　采用本工艺施工时，应遵守下列规定：

（1）集料和水泥应撒布均匀。

（2）应严格控制基层厚度和高程，其横坡应与面层一致。

（3）应在混合料处于或略大于最佳含水率（气候炎热干燥时，基层混合料含水率可增大1%～2%）时进行碾压，压实度应达到设计及《公路路面基层施工技术细则》（JTG/T F20—2015）的有关要求。

（4）采用均匀拌和法施工路面基层、底基层宜采用18t以上的振动压路机碾压。压实厚度在15～20cm时，采用18～20t的振动压路机碾压；超过20cm以上的压实厚度，应采用25t以上振动压路机碾压，碾压工序应在水泥初凝前完成。

3.0.5 采用本工艺施工路面基层、底基层时，混合料的组成设计应根据设计无侧限抗压强度、设计水泥剂量、设计矿料级配范围，分别在设计水泥剂量基础上上下浮动适当剂量，通过试验确定满足设计强度要求的水泥剂量和混合料的最大干密度、最佳含水率，矿料级配应根据集料规格通过筛分确定合成级配中的掺配比例。

3.0.6 采用本工艺施工路面基层、底基层时，各项试验应按《公路工程无机结合料稳定材料试验规程》(JTG E51—2009)进行。

4 混合料组成设计

4.1 材料

4.1.1 农村牧区公路半刚性基层、底基层均匀拌和施工底基层时，集料的公称最大粒径不宜大于37.5mm，其矿料颗粒组成应符合设计及《公路路面基层施工技术细则》(JTG/T F20—2015)相关要求。被稳定材料的塑性指数宜不大于7。混合料的7d无侧限抗压强度宜为1.0~3.0MPa。

4.1.2 农村牧区公路半刚性基层、底基层均匀拌和施工基层时，集料的公称最大粒径不宜超过31.5mm，其矿料颗粒组成应符合设计及《公路路面基层施工技术细则》(JTG/T F20—2015)相关要求，被稳定材料的塑性指数宜不大于7，混合料的7d无侧限抗压强度宜为2.0~4.0MPa。

4.1.3 设计或选定的粒料为级配碎石、未筛分碎石、砂砾、碎石土、砂砾土、煤矸石和各种粒状矿渣时，均适宜采用本工艺施工。

4.1.4 采用本工艺施工前，应对原材料进行检验，包括水泥及被稳定材料试验。

用作级配碎石或级配砾石的粗集料应采用一定级配硬质石料，且不应含有黏土块、有机物等。集料应进行颗粒分析(筛分)、压碎值、针片状颗粒含量、液限、塑性指数、粉尘含量、有机质含量（必要时做）、硫酸盐含量（必要时做）试验。

水泥强度等级宜为32.5MPa或42.5MPa，所用水泥初凝时间应大于3h，终凝时间应大于6h且小于10h，不应使用快硬水泥、早强水泥以及已受潮变质的水泥。使用前应进行凝结时间、安定性、胶砂强度、细度或比表面积试验。

4.1.5 水泥稳定半刚性基层、底基层均匀拌和施工，可直接使用普通饮用水，水质有疑问时应进行检验。

4.2 混合料目标配合比设计方法

4.2.1 准备试样并进行配合比设计

（1）取各档代表性矿料进行筛分、压碎值、针片状颗粒含量、液限、塑性指数试验，并对水泥进行各项技术指标检测。

（2）根据各档矿料多组筛分结果平均值和级配范围确定其掺配比例，绘制级配曲线，使设计合成级配在其范围内。设计合成级配宜接近级配范围中值或使级配曲线呈S形。当反复调整不能满足时，应更换集料。根据掺配比例，对各档材料进行筛分，确定其平均筛分曲线及相应的变异系数，并按两倍标准差计算各档材料筛分级配的波动范围，以利于施工控制。

4.2.2 结合料剂量的选择

在目标配合比设计中，根据设计文件水泥剂量及无侧限抗压强度要求选择不少于5个结合料（水泥）剂量，结合料剂量间隔宜为0.5%～1.0%。

4.2.3 最大干密度和最佳含水率的确定

分别按各档材料掺配比例确定各剂量条件下混合料的最佳含水率和最大干密度。

4.2.4 试件成型(静压成型)

(1)按规定压实度分别计算不同水泥剂量试件应有的干密度。

(2)根据最佳含水率、计算的干密度、各档矿料的掺配比例制备试件。进行强度试验时,作为平行试验的最少试件数量应符合《公路工程无机结合料稳定材料试验规程》(JTG E51—2009)要求。

(3)试件在温度(20 ±2)℃、湿度大于95%的养护室内养生6d,浸水24h后,按《公路工程无机结合料稳定材料试验规程》(JTG E51—2009)进行无侧限抗压强度试验。

4.2.5 水泥最佳用量的确定

(1)计算无侧限抗压强度试验结果的平均值和偏差系数。

(2)根据要求的强度标准,选定满足强度及设计文件要求的水泥剂量,试件室内试验结果无侧限抗压强度的代表值应符合如下公式的要求:

$$R_d^0 = \bar{R} \cdot (1 - Z_\alpha C_v) \geq R_d$$

式中:$\bar{R}$——抗压强度平均值;

R_d——设计抗压强度;

C_v——试验结果偏差系数(以小数或百分数计);

Z_α——标准正态分布表中随保证率(或置信度 α)而

变的系数，取保证率为90%，即 $Z_{\alpha}=1.282$。

(3)确定的水泥最小剂量应不低于4%。

4.3 混合料生产配合比设计方法

4.3.1 根据目标配合比确定的各档材料比例，对碎石撒布车和粉料撒布车进行调试和标定，确定合理撒布参数。

4.3.2 进行均匀拌和再生设备调试、标定，以利于混合料加水量、均匀性控制。

(1)调试好再生设备的拌和深度、行进速度、水流量。

(2)标定并绘制不少于5个点结合料剂量的标准曲线，以便现场检测水泥剂量。

(3)按设定好的施工参数进行试生产，验证生产配合比和混合料的均匀性不满足要求时，应进一步调整相关参数直至符合要求为止。

4.3.3 根据设计要求确定容许延迟时间，进行不同成型时间条件下的水泥稳定混合料强度试验，绘制相应的延迟时间曲线，确定合理的均匀拌和、整平、碾压段落。

5 铺筑试验段

5.1 一般规定

5.1.1 每项工程开工前应铺筑试验段。

5.1.2 根据路面结构形式选取试验段,使试验段具有代表性。

5.1.3 试验段长度应不短于200m。

5.1.4 现场均匀拌和时应严格控制拌和深度,如遇问题应及时解决。

5.1.5 通过试验段铺筑应获得以下资料:

(1)矿料级配均匀性。检测路段上分层撒布矿料的级配,与试验室配合比设计进行对比,判断其是否在允许的波动范围内。

(2)确定均匀拌和再生机行进速度和转子转速。

(3)确定整平、压实工艺组合。

5.1.6 通过铺筑试验段,相关人员应全面了解水泥稳定半刚性基层、底基层均匀拌和的特性。

5.2 试验段施工

5.2.1 按要求选定试验段。

5.2.2 对下承层进行验收检测,各项技术指标应符合规范要求,清扫下承层表面的松散粒料及杂物。

5.2.3 测量恢复道路中线,每隔15～20m沿直线段方向设一桩,在曲线段上每隔10～15m设一桩,并在两侧路肩边线处设指示桩或石灰线,标记出水泥稳定材料边缘设计高程。

5.2.4 根据设计宽度、厚度、最大干密度、矿料的掺配比例确定各档矿料的分层撒布量并进行现场撒布,撒布后用压路机静压1遍。

5.2.5 根据路面基层材料构成计算每平方米水泥撒布量,用粉料撒布车以2.5km/h的速度在全路宽范围内均匀撒布水泥,粉料撒布车与均匀拌和再生机组间距宜为20～40m。

5.2.6 冷再生机组就位(包括洒水车),设定拌和深度和水流量,制定3～5种再生机行进速度和转子转速的组合方案,确定最优方案。作业时以100～200m长度为限,再生机前进拌和后,后退拌和另一部分,直至路面全宽范围内拌和完成后进行下一段作业。两刀拌和搭接宽度以20～30cm为宜,再生机后应有专人跟随,检查拌和深度和混合料均匀性。

5.2.7 对拌和完成的路段,根据设计高程、横坡复核各控制点高程,然后用平地机进行刮平、压路机静压或用摊铺机整平夯实。

5.2.8 混合料整形后,采用1～3种压实方案进行碾压(包括压路机吨位、碾压顺序、遍数等),一般情况下的施工工艺为再生机均匀拌和、单钢轮压路机稳压、平地机整平或摊铺机整平夯实、单钢轮振动碾压、双钢轮压路机碾压。通过试验段碾压组合及压实度检测确定最为合理的碾压方案。

5.2.9 现场均匀拌和后取具有代表性的材料送往试验室进行筛分、含水率、水泥剂量试验，并按《公路工程无机结合料稳定材料试验规程》(JTG E51—2009)要求成型试件，测定其7d无侧限抗压强度。

5.2.10 对试验段的压实度、强度、平整度、厚度、宽度、高程、横坡度进行检测，应满足现行相关规范和设计要求。

5.2.11 根据试验段结果确定均匀拌和混合料的级配、施工时采用的再生机行进速度、转子转速及混合料的整形、压实工艺。

6 施工工艺

6.1 工艺流程

农村牧区公路半刚性基层、底基层均匀拌和施工工艺流程宜按图6-1顺序进行。

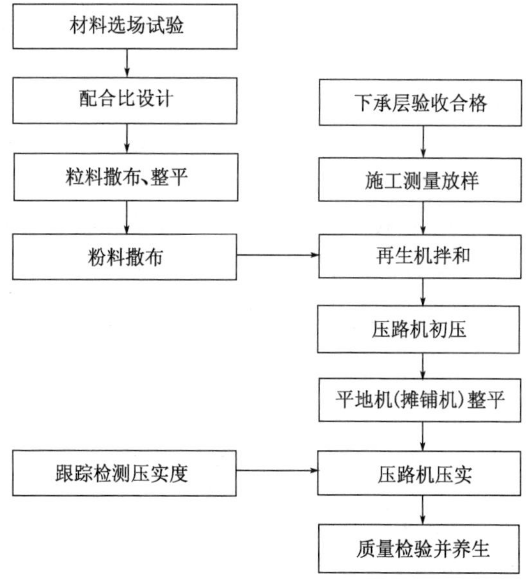

图6-1　半刚性基层、底基层均匀拌和施工工艺流程

6.2 警示标牌设置

整个施工过程中,应在各路口设置警示标牌,提醒驾驶员及行人。

6.3 施工放样

测量恢复道路中线，每隔 15 ~ 20m 沿直线段方向设一桩，在曲线段上每隔 10 ~ 15m 设一桩，并在两侧路肩边线处设指示桩或石灰线，标记出水泥稳定材料层边缘的设计高程。

6.4 下承层的检验与清扫

下承层表面应平整、坚实，验收合格并清扫表面的松散粒料及杂物，洒水湿润。

6.5 粒料的铺筑整平

根据基层或底基层设计宽度、厚度、混合料最大干密度、压实度、粒料天然含水率、矿料中各档集料的掺配比例，计算每平方米各档矿料的撒布量，将矿料用碎石撒布车均匀铺筑于下承层表面，用平地机整平，单钢轮压路机静压 1 遍。

6.6 水泥撒布

根据室内配合比设计及试验段确定的水泥剂量，计算每平方米水泥稳定层需要的水泥用量，在粉料撒布车微电脑操作界面设定粉料撒布量并进行撒布。粉料撒布车在撒布水泥时行进速度宜为 2 ~ 2.5km/h。撒布水泥前用 1m^2 大小的高密度土工布校准水泥撒布量，以精确控制单位面积撒布量。粉料撒布车与再生机组间距宜控制在 20 ~ 40m。

6.7 均匀拌和冷再生机组就位

6.7.1 使用推杆连接冷再生机组,根据标定好的冷再生机水流量校准操作界面单位平方米拌和用水量。

6.7.2 检查拌和路段内导向线,确保导向标志明确。

6.7.3 对拌和转子及参数设置进行全面检查。

6.8 混合料现场均匀拌和

6.8.1 设置拌和深度,冷再生机推动水车行进。

6.8.2 再生机前进拌和时工作速度宜为 13 ~ 16 m/min、铣刨转子转速宜为 137 ~ 167r/min(2 ~ 3 挡),后退拌和时工作速度宜为 6 ~ 9m/min、铣刨转子转速宜为 100 ~ 137r/min(1 ~ 2 挡),再生机行进速度应根据拌和均匀性、材料类型、铣刨鼓转子转速、拌和深度进行调整。相邻两次拌和纵向应重叠 20 ~ 30cm,横向应重叠 50 ~ 80cm,以确保不漏拌。

6.8.3 再生机后应有专人跟随,随时检查拌和深度、水泥剂量和含水率均匀性,并配合再生机操作员进行调整。

6.8.4 施工中拌和深度的检查以刚好接触到下承层表面为准,将钢钎插入混合料中,测量其插入深度,检查是否合格。

6.8.5 应在作业面边缘设导向线引导再生机前行。

6.8.6 若进行多刀拌和施工时,应时刻注意搭接的宽度,确保全宽范围内均匀拌和。

6.8.7 再生机后宜安排 2 ~ 3 人处理边线和每刀起始位置的余料,以防止影响纵向接缝、横向接缝、平整度和混合料的密实性。

6.8.8 在施工过程中，当混合料拌和深度、含水率出现偏差时，应停止施工，待问题解决再行施工。

6.8.9 应根据拌和长度及材料性能定期检查铣刨毂转子的刀架、刀头，发现损坏立即更换。

6.9 碾压整形

6.9.1 根据试验段确定碾压方案进行整形碾压，应使各部分碾压到的次数尽量相同，路面的两侧应多压 1 ~ 2 遍。

6.9.2 均匀拌和再生机后应紧跟一台钢轮振动压路机进行初压，初压完成后应立即用平地机整形。在直线段，平地机由两侧向路中心进行刮平；在平曲线段，平地机由内侧向外侧进行刮平。必要时，再返回刮一遍。或采用摊铺机进行熨平夯实。

6.9.3 平地机整形时应将高出基层表面的浮料直接刮出路外，不应形成薄层贴补现象。

6.9.4 整形后，当混合料含水率为最佳含水率时，立即用 20t 以上钢轮振动压路机静压 1 遍，然后用钢轮振动压路机振动压实 2 ~ 3 遍、双钢轮压路机振动压实 2 ~ 3 遍，最后用双钢轮压路机静压 1 ~ 2 遍。直线和不设超高的平曲线段，由路肩向路中心碾压时，应重叠 1/2 轮宽，后轮必须超过两段的接缝处，后轮压完路面全宽时，即为一遍。具体碾压遍数以试验段确定的方案及压实度检测结果为依据。压路机的碾压速度，前两遍以 1.5 ~ 2.5km/h 为宜，以后宜采用 2.0 ~ 3.0km/h。

6.9.5 对于局部低洼处，应人工翻松，并用新拌混合料进行找平。

6.9.6 严禁压路机在已经完成或正在碾压的路段上调头或紧急制动，以保证基层表面不受破坏。碾压过程中，基层表面应始终保持湿润，如水分蒸发过快，应及时补洒少量水，严禁大量洒水碾压。

6.9.7 碾压过程中，如有“弹簧”、松散、起皮等现象，应及时翻开重新拌和碾压使其达到质量要求。

6.9.8 拌和、整形后的水泥稳定基层或底基层宜在水泥初凝前完成碾压，达到要求的压实度，没有明显轮迹。

6.9.9 碾压完成后应快速测定压实度，压实度不足应尽快补压。测定压实度的同时，用3m直尺按规定检测平整度，发现异常应及时处理。

6.10 接缝的处理

6.10.1 纵向接缝处理

半刚性水泥稳定材料层的施工应尽量避免纵向接缝。道路宽度小于7m，纵向重叠较多时，不宜半幅施工，应考虑全幅分刀均匀拌和施工，以减少重叠量，提高施工效率；分幅施工时，纵缝应垂直相接，并应符合下列规定：

（1）前一幅施工时，在靠中央一侧应用与稳定材料层的压实厚度相同的方木或钢模板作支撑。

（2）再生机拌和结束后，靠近支撑部分，应人工补充拌和，再整形碾压。

（3）在铺筑后一幅之前拆除支撑。

（4）后一幅混合料拌和结束，靠近前一幅部分宜人工补充拌和，再整形和碾压。

6.10.2 横向接缝处理

(1)应对所形成的横向接缝认真处理，拌和过程中应尽量减少停机现象。

(2)停机时间超过水泥初凝时间，再次拌和施工时，必须将整个再生机后退至已拌和路段 0.5 ~ 0.8m 的距离，并重新撒布水泥。

(3)每天最后一段施工时应预留 5 ~ 8m 不撒布水泥，第二天施工时再撒布水泥，与新混合料同步拌和、整形、碾压。

7 养生及交通管制

7.0.1 水泥稳定半刚性基层、底基层宜养生7d后铺筑上层混合料。如果上层混合料仍为无机结合料稳定类材料时，宜在下层表面撒少量水泥浆或洒水湿润。如果上层为沥青混合料，应喷洒乳化沥青透层。

7.0.2 每一段碾压完成并经压实度检查合格后，应立即开始养生。

7.0.3 宜采用覆盖塑料薄膜、覆盖吸水土工布等进行养生。养生结束后，必须将覆盖物清除干净。

7.0.4 对于基层，可采用沥青乳液进行养生。

7.0.5 无上述条件时，也可用洒水车洒水养生，每天洒水的次数应视气候而定，整个养生期应始终保持水稳层表面潮湿。

7.0.6 养生期不宜少于7d。气温较低时应适当延长养生时间。

7.0.7 养生期间应实行交通管制，除洒水车和小型通勤车外严禁车辆通行，洒水车辆行驶速度应小于40km/h。

8 质量控制

8.1 在施工前以及在施工过程中,原材料或混合料发生变化时,应分批检验拟采用的材料。

8.1.1 基层和底基层用土应按表8-1所列试验项目和要求检测评定。

基层和底基层用土试验项目和要求　　表8-1

项次	试验项目	目　　的	频　　度	试验方法
1	含水率	确定原始含水率	每天使用前测2个样品	T 0801/T 0803
2	液限、塑限	求塑性指数,审定是否符合规定	每种土使用前测2个样品,使用过程中每2 000m^3测2个样品	T 0118/T 0119
3	颗粒分析	确定级配是否符合要求,确定材料配合比	每种土使用前测2个样品,使用过程中每2 000m^3测2个样品	T 0115
4	有机质和硫酸盐含量	确定是否适用于水泥稳定	对土有怀疑时	T 0151/T 0153

8.1.2 基层和底基层用碎石、砾石等粗集料应按表8-2所列试验项目和要求检测评定。

8.1.3 基层和底基层的细集料应按表8-3所列试验项目和要求检测评定。

8.1.4 基层和底基层用水泥应按表8-4所列试验项目和要求检测评定。

基层和底基层用碎石、砾石试验项目和要求 表8-2

项次	试验项目	目 的	频 度	试验方法
1	含水率	确定原始含水率	每天使用前测2个样品	T 0801/T 0803
2	级配	确定级配是否符合要求,验证材料配合比是否与设计相符	每种土使用前测2个样品,使用过程中每2 000m³测2个样品	T 0303
3	液限、塑限	求塑性指数,审定是否符合规定	每种土使用前测2个样品,使用过程中每2 000m³测2个样品	T 0118/T 0119
4	压碎值	评定石料的抗压碎能力是否符合要求	使用前测2个样品,砾石使用过程中每2 000m³测2个样品,碎石种类变化时重做2个样品	T 0316
5	粉尘含量	评定石料质量		T 0310
6	针片状颗粒含量	评定石料质量		T 0312
7	软石含量	评定石料质量		T 0320

基层和底基层用细集料试验项目和要求 表8-3

项次	试验项目	目 的	频 度	试验方法
1	含水率	确定原始含水率	每天使用前测2个样品	T 0801/T 0803
2	级配	确定级配是否符合要求,验证材料配合比是否与设计相符	每种土使用前测2个样品,使用过程中每2 000m³测2个样品	T 0327
3	液限、塑限	求塑性指数,审定是否符合规定	每种土使用前测2个样品,使用过程中每2 000m³测2个样品	T 0118/T 0119

续上表

项次	试验项目	目　　的	频　　度	试验方法
4	有机质和硫酸盐含量	确定是否适用于水泥稳定	对土有怀疑时	T 0336/T 0341

基层和底基层用水泥试验项目和要求　　表 8-4

项次	试验项目	目　　的	频　　度	试验方法
1	水泥强度等级和初终凝时间	确定水泥的质量是否适于应用	做材料组成设计时测 1 个样品,料源或强度等级变化时重测,施工过程中按进场批次检测	T 0505/T 0506

8.2　农村牧区公路半刚性基层、底基层均匀拌和正式施工前应在生产路段上铺筑 200 ~ 300m 试验段。试验段铺筑前应提交完整的目标配合比和生产配合比报告。通过试验段确定碎石撒布车,粉料撒布车,均匀拌和设备,整平、碾压机械的协调和配合,确定合理的松铺系数,压实机械的选择和组合,压实的顺序、速度和遍数。

8.3　施工过程中应严格按照通过试验段确定的施工工艺要求施工。

8.4　如发生未预料的特殊情况,可能会影响工程质量的应立即停工,待问题解决后再行施工。

8.5　质量控制标准应符合表 8-5 及《公路工程质量检验评定标准　第一册　土建工程》(JTG F80/1—2004)中相关规定。

8.6　碾压合格后应立即覆盖或洒水养生,养生期不少于 7d,气温较低时应适当延长。养生 7d 后进行现场钻芯取样,芯样应完整密实。

水泥稳定粒料基层和底基层实测项目 表 8-5

<table>
<tr><th rowspan="3">项次</th><th rowspan="3" colspan="2">检查项目</th><th colspan="4">规定值或允许偏差</th><th rowspan="3">检查方法和频率</th><th rowspan="3">权值</th></tr>
<tr><th colspan="2">基　层</th><th colspan="2">底　基　层</th></tr>
<tr><th>高速公路
一级公路</th><th>其他
公路</th><th>高速公路
一级公路</th><th>其他
公路</th></tr>
<tr><td rowspan="2">1△</td><td rowspan="2">压实度
（%）</td><td>代表值</td><td>98</td><td>97</td><td>95</td><td>95</td><td rowspan="2">按《公路工程质量检验评定标准
第一册　土建工程》
（JTG F80/1—2004）
附录 B 检查，
每 200m 每车道 2 处</td><td rowspan="2">3</td></tr>
<tr><td>极值</td><td>94</td><td>93</td><td>92</td><td>91</td></tr>
<tr><td>2</td><td colspan="2">平整度（mm）</td><td>8</td><td>12</td><td>12</td><td>15</td><td>3m 直尺：每 200m 测 2 处 ×10 尺</td><td>2</td></tr>
<tr><td>3</td><td colspan="2">纵断高程（mm）</td><td>+5，-10</td><td>+5，-15</td><td>+5，-15</td><td>+5，-20</td><td>水准仪：每 200m 测 4 个断面</td><td>1</td></tr>
<tr><td>4</td><td colspan="2">宽度（mm）</td><td colspan="2">符合设计要求</td><td colspan="2">符合设计要求</td><td>尺量：每 200m 测 4 处</td><td>1</td></tr>
<tr><td rowspan="2">5△</td><td rowspan="2">厚度
（mm）</td><td>代表值</td><td>-8</td><td>-10</td><td>-10</td><td>-12</td><td rowspan="2">按《公路工程质量检验评定标准
第一册　土建工程》
（JTG F80/1—2004）
附录 H 检查，
每 200m 每车道 1 个点</td><td rowspan="2">3</td></tr>
<tr><td>合格值</td><td>-15</td><td>-20</td><td>-25</td><td>-30</td></tr>
</table>

续上表

项次	检查项目	规定值或允许偏差				检查方法和频率	权值
		基　层		底 基 层			
		高速公路 一级公路	其他 公路	高速公路 一级公路	其他 公路		
6	横坡（%）	±0.3	±0.5	±0.3	±0.5	水准仪：每200m测4个断面	1
7△	强度（MPa）	符合设计要求		符合设计要求		按《公路工程质量检验评定标准 第一册　土建工程》（JTG F80/1—2004）附录G检查	3
8增	拌和均匀性（%）	±0.3		±0.3		拌和层断面左、中、右侧的上、中、下分别取样做水泥剂量	—
9增	离析试验（%）	±3		±3		拌和层左、中、右侧的上、下层取样做筛分试验对比	—
10增	含水率试验（%）	±0.5		±0.5		每施工段取样1组测定	—

注：检验项次中标注“增”项的为本工艺单列检测项。

参考文献

[1] 张玉.农村公路就地冷再生技术的应用研究[D].西安:长安大学,2014.

[2] 周丽.农村公路级配砂砾基层厂拌法施工介绍[J].交通标准化,2007(10):10-13.

[3] 马洪忠. 公路基层压实度施工质量动态控制[J]. 道路工程,2016(1):46-47.

[4] 吴振亚,武和平.水泥基层就地冷再生施工工艺与经济效益分析[J].公路工程,161-163.

[5] 于洪臣,温建祥.水泥稳定风化砂底基层施工工艺[J].施工技术,2008,37(S):121-124.

[6] 中华人民共和国行业标准.JTG/T F20—2015 公路路面基层施工技术细则[S].北京:人民交通出版社股份有限公司,2015.

[7] 中华人民共和国行业标准.JTG F80/1—2004 公路工程质量检验评定标准 第一册 土建工程[S].北京:人民交通出版社,2004.

鄂尔多斯市路泰公路工程有限责任公司简介

神奇的鄂尔多斯物华天宝、人杰地灵，点缀着祖国北疆的草原明珠城；绚丽的鄂尔多斯蒙古风孕育了一代代大漠英雄，草原新星——路泰，乘势而上。

鄂尔多斯市路泰公路工程有限责任公司成立于2010年，具有公路工程施工总承包二级资质，以公路工程施工为主，以市政工程、公路养护、公路新型材料研发、公路工程检测和机械租赁与维修为延伸。公司以“路漫漫、泰然行”为企业精神，以“创新、卓越、和谐、健行”为企业宗旨，一路走来，风雨兼程，在美丽富饶的鄂尔多斯高原上璀璨绽放。

公司坚持一手抓安全，一手抓质量，在多年的公路施工中造就了一支“冲得上、扛得住、打得赢”的优秀团队，建设了一大批精品工程，累计完成各等级道路550km，其中路基工程560万m^3、路面工程530万m^2，修建公路养护工程150km，参加市政道路建设10多项。公司致力于公路养护技术创新，具备了公路工程先进的养护技术咨询和施工能力，研发的公路工程新型材料已走在同行前列并在实际应用中取得了良好效果，为公司的进一步发展奠定了坚实基础。公司下设的恒信达工程检测公司以公路工程试验检测为主，拥有1 000多m^2的实验室、200多台套试验检测仪器,具有全面的公路工程试验检测能力。公司下设的路泰机械工程公司从事机械租赁与维修,拥有一大批国内外一流的公路工程、公路养护、市政工程系列的工程机械,在长期施工中,凭着雄厚的技术力量和先进设备,在广大客户中赢得了较高声誉。公司始终为打造精品工程,提供优质服务;为建设样板市场,引入技术支撑;为提升品牌效益,创造更大价值。

站在时代的制高点,全体路泰人坚持以“一带一路”和“亚投行的成立”为契机,以服务地方经济社会发展和市场需求为导向,开拓进取,创新创业,在公路市场中破浪扬帆,浩然前行。新时代赋予新使命,为将“路泰”打造成区域领先品牌,我们愿与时代同行,与梦想为伍,一路远行,永无止境……